MW01230215

Mi amigo Yiye Ávila

Mi amigo
Yiye Ávila

Esteban Rivera

ALEXANDRIA
LIBRARY
PUBLISHING HOUSE
MIAMI

Mi amigo Yiye Ávila

@ Esteban Rivera, 2024.

ISBN: 979-8882654794

Edición y composición de interiores y cubierta:

Vilma Cebrián

www.alexlib.com

Fotografías:

Esteban Rivera, Adán Ramos Candelario y Ministerio *Cristo Viene.*

Dedicatoria

Este libro está dedicado *primeramente a mi Dios y Salvador,* por siempre guiar mis pasos y cubrirme con Su sabiduría, Su gracia y Su favor. Gracias a Él por siempre estar presente en mi vida, por guiarme a tomar decisiones difíciles pero que siempre fueron certeras. Sin Él nada fuera posible.

A mi *esposa Nancy Muñiz,* quien ha sido mi ayuda idónea y apoyo en todo lo que emprendo para el Señor. Mujer única, que en los momentos difíciles está siempre presente. Gracias Nancy, te amo.

A mi *mamá Matilde Muñiz,* quien mora en la Mansiones Celestiales. Una sierva abnegada del Señor. Fue la que desde nuestra niñez nos crió en el evangelio. Quien me enseñó a amar al Señor sobre todas las cosas y a servirle con todo mi corazón. Ella dedicó parte de su vida a servir y colaborar en el ministerio *Cristo Viene.*

Esta dedicación va también para a mis *hijos, Jorge J. Rivera, Stephanie M. Rivera y Rebeca E. Rivera,* quienes fueron parte de mi caminar en el ministerio *Cristo Viene.* A mis *hijos Nancy Rodríguez (QEPD), y Gil Rodríguez,* que aunque quizás no lo vieron así, han sido parte de toda mi travectoria en el Señor.

A mi *pequeña Naomi I. Rivera Kimball,* por siempre estar presente y dar sus consejos y apoyo a mis proyectos. La que el Señor escogió para elogiarme y reconocerme. Por nunca decir que no. Mi psicóloga y consejera.

Gracias a Dios por mi familia.

Agradecimientos

Acción de Gracias
Al Pastor Nino González

Mis más infinitas gracias al Pastor Nino González, ex-Pastor de la Iglesia *El Calvario* en Orlando, Florida. Él fue el instrumento que Dios utilizó para inspirarme a escribir este maravilloso libro. Mi esposa Nancy y yo, tuvimos la oportunidad y fuimos parte del grupo que acompañó al Pastor Nino y su esposa Abigail en un viaje a Egipto e Israel. Durante el viaje las conversaciones entre el Pastor Nino y yo fueron muchas, y en un momento dado, me sugirió que yo debía plasmar mis vivencias con el evangelista Yiye Ávila en un libro.

Gracias a su sugerencia he podido escribir esta obra.

Índice

Prefacio

Este libro es una historia de hechos reales basada en la vida del autor, Esteban Rivera, y su amigo, el evangelista internacional Yiye Ávila. Una historia real que te infundirá fe y determinación para tomar decisiones. Conocerás su niñez, su vida, su servicio en las fuerzas armadas, su llamado y su desarrollo.

Una obra que debes leer.

Prólogo

*R*ecibir una llamada del evangelista Yiye Ávila a mi hogar en San Diego, California, con una encomienda de parte del Señor, cambió el giro de mi vida para siempre. No tardó muchos días en que decidimos lanzarnos en obediencia al llamado del Señor. Llegamos a San Juan, Puerto Rico, rumbo al pequeño pueblo de Camuy, listos para iniciar una misión. Junto a un excelente equipo de trabajo, la tarea era comenzar lo que hoy en día es la *Cadena del Milagro*.

Esteban Rivera, asignado por el siervo del Señor, nos recibió en el aeropuerto y en el seno de su hogar. Por los siguientes meses y luego años, se convirtió en nuestro compañero de milicia en esta nueva encomienda.

El Pastor Esteban para ese entonces era el ayudante personal del gran hombre de Dios. En Esteban vi compromiso, pasión y mucho celo por el ministerio y la obra del Señor.

Desde ese entonces nos hicimos hermanos y amigos.

Este libro le bendecirá mientras lea las experiencias que Dios le permitió tener junto a su mentor por largos años, Yiye Ávila. Desde su juventud, Esteban aprendió y reconoció lo que cargaba este siervo del Señor.

Leer sus páginas le dará fe en tiempos de dificultad, viendo como la fe de un hombre simple cambió la vida de millones.

Viajemos juntos a través de las páginas de este libro, y veamos cómo sucedieron tantas cosas maravillosas detrás de las escenas que resultaron en un poderoso ministerio mundial.

¡Disfrute y sean más que bendecidos!

Pastor Luis de Jesús GINESTRE
Febrero 15, 2024

"Si puedes creer, al que cree todo le es posible"
Marcos 9:23

Cierra tus ojos, respira y cree.
Utiliza estas líneas literarias para lo que Dios
tiene para ti

Introducción

En la vida hay muchos desafíos, retos y victorias. Cuando niños, vemos las cosas como niños. Durante nuestra niñez formamos nuestro carácter, siempre tratando de copiarnos del mejor. En la vida de joven vemos la vida con más retos y anhelos. Como jóvenes comenzaremos a ambicionar y a planificar para el futuro, pero nunca sabemos en realidad lo que nos depara.

Llegamos a la edad de adulto con miras a ser un gran ser humano, un profesional en nuestro campo con grandes aspiraciones.

"Cuando yo era niño, hablaba como niño, pensaba como niño, juzgaba como niño; mas cuando ya fui hombre, dejé lo que era de niño. Ahora vemos por espejo, oscuramente; mas entonces veremos cara a cara. Ahora conozco en parte; pero entonces conoceré como fui conocido". (1 Corintios 13:11-12)

Mientras tanto, poco a poco vamos confrontando lo que es el futuro. Muchas veces no nos enfocamos en lo que

Dios quiere y desea hacer con nuestras vidas. Siempre hay un futuro glorioso cuando hacemos la perfecta voluntad de Dios.

La Palabra de Dios dice:
"Encomienda al Señor tu camino y confía en él y él hará". (Salmo 37:5)

Este libro trata de mis experiencias personales con el evangelista José Joaquín Ávila Portalatin, mejor conocido mundialmente como el evangelista Yiye Ávila.

Fueron experiencias vividas y muy personales. Nadie me contó o me lo dijo, lo viví.

CAPÍTULO 1

Mi niñez

CAPÍTULO 1

*N*ací en el pueblo de Camuy, Puerto Rico. Tuve una niñez muy normal. Mi papá fue un hombre de trabajo y nos criamos en una finca que teníamos. Aprendí a trabajar desde niño. En un buen momento mi papá vendió su finca y terminamos mudándonos al pueblo de Camuy. Así fue como llegamos al caserío Manuel Román Adames. Vivíamos en el edificio adyacente a la casa de Yiye y Yeya, como se conocían por todos en Camuy. En este tiempo los niños siempre estábamos en la calle, y yo tenía una buena relación con todos mis vecinos. Yo era el que en muchas ocasiones les iba a buscar los mandados a la tienda. Los vecinos tenían confianza en mí, incluyendo Yiye y Yeya. Yo era "el Papo", el de los mandados.

De niño, me gustaba servir. Era el niño del caserío que invitaban a los cumpleaños y fiestas de niños. La gracia y favor del Señor siempre ha estado conmigo. Me dediqué a lavarle los autos a los vecinos, incluyendo el Chevrolet 1952 y luego la guagua del 1955, que tenía nuestro Hermano Yiye.

El tiempo transcurrió y siempre había muchos levantadores de pesas en el gimnasio de Yiye. (Yiye Gym). El gimnasio era muy popular en Camuy y sus pueblos adyacentes, y llamaba la atención de todos. Como jovencitos y curiosos, también queríamos levantar pesas. Llegó el momento en que yo también podía levantarlas, tendría entre 13 y 14 años de edad. Recuerdo que en el gimnasio todo era bien organizado. Levantamos pesas y hacíamos ejercicios por equipos. Recuerdo muy bien a Yiye, Negre Ramos, (ambos Mr. Puerto Rico) que me decían: "todo poco a poco y serás campeón". En aquel tiempo pagábamos $3.00 mensuales por el uso del gimnasio. Tuve la bendición de estar en varias competencias de levantamiento de pesas y fisicultura, que fueron una tremenda experiencia.

Recuerdo cuando el Hermano Yiye dejó de ir al gimnasio porque algo le molestaba para ejercitarse. Ya para este tiempo él había ganado títulos de Mr. Puerto Rico y Mr. América en su categoría de fisicultura. Luego nos enteramos que estaba padeciendo de artritis.

La relación de amistad siempre estuvo presente, ya que yo era el que le ayudaba en muchas cosas alrededor de la casa. También ayudé muchas veces a los papás del Hermano Yiye, el Señor Pablo Ávila y la Sra. Herminia Portalatin. Toda la familia me conocía muy bien.

Llegó el momento que quizás no muchos esperaban en Camuy. La conversión al evangelio de Yiye Ávila.

CAPÍTULO 2

¿Quién fue José Joaquín Ávila Portalatin (Yiye)?

*T*uve la oportunidad de conocer a Yiye cuando era un levantador de pesas, fisiculturista, y cuando jugaba pelota con el Camuy Arenas. También lo conocí como maestro de biología y química, en la escuela superior de Camuy. Estuve presente durante su conversión al evangelio. Yiye Ávila no tenía comparable, era una persona única y difícil de emular. Era determinado en todo lo que emprendía. Muy firme en sus decisiones y muy detallista. Yiye era muy humilde en todas sus acciones. Cuando el ministerio quiso aumentarle su salario, él no quería. Y luego de aceptarlo, el aumento lo ofrendaba al ministerio. De niño nunca lo vi de mal humor. Siempre atento a mis preguntas, y dando respuestas muy sabias.

Era una persona que brindaba cariño y muy respetuosa con el prójimo, que se humillaba y pedía perdón cuando era necesario. Sus acciones siempre eran de admirar. Recuerdo que en mi casa éramos muy pobres económicamente y en una ocasión le dijo al que estaba encargado de colectar la cuota en el gimnasio, que no me cobrara. Siempre fue una persona muy atenta a todo. Muy firme en sus consejos y amonestaciones.

Fue un hombre de una fe inquebrantable. Viví tiempos donde aprendí a depender de Dios por la fe que él impartía. Presencié la lluvia detenerse durante las campañas. Por su fe, vi multitud de personas ser sanadas por el poder Dios. Estuve presente cuando se enfermaba y oraba, y el Señor lo sanaba. Cuando estábamos cortos de finanzas aprecié cómo aparecían las finanzas que necesitábamos. Por su fe, presencié cómo cientos de Pastores respaldaban las campañas.

Estuve presente cuando personas cristianas de muchos recursos económicos, se mudaban de sus casas temporalmente, para darnos su casa durante las campañas para que nos hospedáramos. Yiye Ávila era un genuino siervo de Dios. Él vivía la palabra de Dios. Como él mismo comentaba: "hasta el tuétano de sus huesos.". Así enseñó a cada uno de los que anduvimos con él.

CAPÍTULO 3

Conversión de Yiye

*C*omo en todo pueblo pequeño, cuando en tu casa se cae un plato y se rompe, todo el pueblo lo escucha. De esa forma fue la conversión de Yiye, se mencionaba en las cuatro esquinas del pueblo de Camuy, Puerto Rico. Recuerdo que aquella conversión fue como una conmoción en todo el pueblo. Fue algo sorprendente y transformador para muchos. Un evento inesperado, ¡el Mr. América, Mr. Puerto Rico y maestro de biología y química convertido al evangelio! Algo sorprendente y a su vez muy interesante.

Como la distancia de su casa a la escuela era corta, Yiye caminaba para dar sus clases. Desde su conversión al evangelio, comenzó a llevar una biblia a la escuela. El cambio en la vida de Yiye fue radical, era una persona transformada. Me contaban sus alumnos que les hablaba de la biblia en las clases. Muchos estudiantes fueron salvos en la escuela. Muchos también fueron y son Pastores. Era un llamado real de Dios.

Al cabo de unos meses de convertido, Yiye compró unas bocinas de alto alcance y las instaló en el techo de su casa. De esa forma, todas las tardes a las 6:00 PM, comenzaba a predicar, *"Arrepiéntete que Cristo viene pronto"*. Casi todo el pueblo escuchaba diariamente a Yiye predicar. Y aunque hubo muchas quejas por el sonido de las bocinas, nunca dejó de hacerlo. Con el tiempo, el pueblo fue adaptándose y aceptando los mensajes diarios del Hermano Yiye. Literalmente, su conversión fue un llamado de Dios. Donde quiera que iba Yiye, llevaba su biblia. No era una biblia pequeña, sino una grandísima. El pueblo de Camuy, un pueblo donde en aquella época habían más católicos que evangélicos, Yiye fue criticado por su conversión al evangelio. La esposa de Yiye, Yeya, como cariñosamente le conocíamos (su nombre de pila es Carmen Delia Talavera de Ávila), provenía de una familia de convicciones fuertemente católicas.

La mamá de la hermana Yeya, la Señora Carmen Mora de Talavera (QEPD), era una católica practicante. Era la asistente del sacerdote del pueblo de Hatillo, en Puerto Rico. Al inicio de convertirse Yiye al evangelio, la familia de su esposa se molestó y disgustó.

Pero no pasó mucho tiempo para que toda la familia Mora Talavera se convirtiera al evangelio. Siendo la Sra. Carmen Mora suegra de Yiye y líder de la iglesia católica del pueblo de Hatillo, su conversión causó una conmoción entre los católicos y el pueblo en general. Nadie podía creer que se habían convertido al evangelio. Verdaderamente, algo maravilloso estaba pasando con la conversión de Yiye Ávila.

CAPÍTULO 4

Inicio del Ministerio
Cristo Viene
Escuadrón Relámpago
Cristo Viene

*E*n lo que relato a continuación no estuve presente, ni participé en ninguna de las actividades que menciono. Es la historia que me contase mi amigo Yiye y anécdotas contadas por mi mamá, Matide Muñiz, y otros Hermanos que laboraban en el ministerio *Cristo Viene*. El Hermano Yiye se jubila en el año 1967 —después de ejercer 22 años como maestro— y comienza a concentrarse en el trabajo evangelístico. Se convirtió en un predicador a tiempo completo, y en el año 1972, comenzó a formar el *Escuadrón Relámpago Cristo Viene*, invitando a familiares y a amigos a que se unieran al ministerio. Así comenzó mi mamá, Matilde Muñiz, y otros Hermanos. Todo comenzó en el garaje donde estacionaba su carro. Más adelante, y después de eliminar el gimnasio, lugar donde había entrenado para conquistar muchos títulos, movía su ministerio para conquistar el mundo para Cristo. Y así "el sótano", como le llamábamos, se convertía en lo que comenzaría uno de los ministerios más respetados por el mundo entero.

Primero comenzaron las campañas evangelísticas. En aquel tiempo, el Hermano Yiye contaba con un puñado de Hermanos que le ayudaban, entre ellos mi mamá, Matilde Muñiz. Para viajar a las campañas compró una van de 15 pasajeros.

Fueron muchas las anécdotas que ocurrieron en las campañas y en la guagua. Me cuenta mi mamá que siempre iban orando durante todo el camino hasta llegar al lugar de la campaña.

Una anécdota jocosa de mi mamá es que cuando estaban orando, el Hermano Yiye imponía sus manos sobre de ellos. Mi mamá se quedó dormida mientras oraban y cuando Yiye pone sus manos en su cabeza le pregunta, "¿Matildita, quién vive?", y mi mamá le contesta, "el chapulín coloráo". Esto les hizo el día a todos, incluyendo al Hermano Yiye y se rieron, pero mi mamá inmediatamente le dice: "Hermano Yiye, el Señor reprenda al diablo, yo ni televisión tengo". Al día de hoy, aún se recuerda esa anécdota.

Otra anécdota que me contase el hermano Nedy Robles es la siguiente:

En el ministerio siempre se oraba de 4:00 PM a 5:00 PM, para "cerrar" el día de trabajo. En una ocasión, en "el sótano," como se le llamaba al viejo gimnasio y después ministerio, mientras oraban, llegaron las 5:00 PM y todos se marcharon, menos el Hermano Nedy, que se había quedado dormido orando. Me cuenta que, cuando despierta, y consciente de que Yiye predicaba *Cristo Viene*, él dice: "ay Dios, Cristo vino y me quedé". Luego mira la hora y se da cuenta que son pasadas las 5:00 PM. Podíamos contar muchas anécdotas más, y un día las escribiré.

Dios siempre confirmó el llamado del Hermano Yiye. No solamente con almas convirtiéndose, sanidades, milagros y prodigios, sino también con finanzas y crecimiento del personal.

El ministerio crecía, y más personas eran llamadas a colaborar con Yiye. Se organizaban diferentes departamentos, y a su vez se empezaba una imprenta para hacer tratados y publicar folletos. Porque cuando Dios llama, Dios suple todo lo necesario para continuar su obra. Mientras más crecía el ministerio, más suplía el Señor.

"Encomienda al Señor tu camino y confía en él; y él hará". Salmo 37:5

Ya el lugar donde se ubicaba el ministerio se hacía muy pequeño. Me dijo mi mamá que comenzaron a orar para que el Señor proveyera un edificio en Camuy. La Palabra dice: *"Clama a mí y yo te responderé".* Así que Dios no le dio al ministerio un edificio viejo, Dios proveyó un edificio nuevo. Proveyó el lugar y las finanzas para construir un edificio nuevo. *"Si puedes creer, para el que cree TODO es posible".*

CAPÍTULO 5

Mi carrera militar

*E*s imposible para mí redactar en este libro cada detalle de mi carrera militar. Pero escribiré rasgos importantes y de interés con relación a mi amistad con varios hombres y mujeres de Dios, incluyendo a mi amigo Yiye.

Para mediados de los años 60 la situación económica de nuestro hogar no era la mejor. Por mi condición de muy joven y sin experiencia me era difícil conseguir un trabajo. En ese tiempo fue cuando tomé la decisión de ingresar a las Fuerzas Armadas de los Estados Unidos. Entendí que no iba a ser lo más fácil, pero lo logré. Hice todos los entrenamientos requeridos y así comencé en mi carrera militar.

Durante mi servicio militar, siempre tuve a mi Dios presente. Mi primera asignación fuera de Estados Unidos fue para la guerra de Vietnam. Fueron casi nueve meses de arriesgar mi vida y dar todo por sobrevivir. Sí puedo decir que vi a Dios y sentí su protección en cada paso que daba en la guerra, entendiendo que no me dejaría ni me desampararía. Su palabra me cubría en todo momento.

Después de la guerra de Vietnam, estuve estacionado en el estado de Texas, donde comencé una nueva etapa de mi vida militar. Una vez terminado mi tiempo allí, fui enviado a Alemania por primera vez, donde permanecí por tres años. Fueron años de arduo trabajo, pero también fueron de recompensa. Fue el lugar donde comencé mis estudios universitarios para luego obtener mi diploma y grado. Regresando a los Estados Unidos, estuve estacionado en la Ciudad de Chicago con el comando de reclutamiento del Ejército de los Estados Unidos (US Army). Luego estuve estacionado en la ciudad de Mayagüez y Arecibo, en Puerto Rico, donde obtuve el privilegio de ser nombrado el mejor reclutador de los Estados Unidos, por dos años consecutivos. Durante mi tiempo asignado a la ciudad de Miami, Florida, tuve la oportunidad de estudiar Teología en el Instituto Bíblico Mizpa, dirigido por el Pastor José Martínez Espada. En mi segunda asignación a Alemania, estábamos en Frankfurt, y allí fue cuando todo comenzó.

Levantamos el primer grupo hispano Pentecostal. Nos reuníamos los domingos y los jueves. Luego levantamos dos grupos más en la ciudad de Mainz y en Vilseck, Alemania. Un avivamiento estaba ocurriendo entre los hispanos militares allí en Alemania. Durante una asamblea de la iglesia en Orlando, Florida, se me ocurrió la idea de invitar a los hermanos Bobby Cruz y Richie Ray a que nos visitaran en Alemania. La invitación fue aceptada y su visita rindió muchos frutos, reconciliaciones y confecciones de fe. Fue una cosa violenta en el espíritu. Te exhorto a que cuando el Señor te inquiete o te dirija a hacer algo, que lo hagas, porque verás sus frutos.

Con la visita de los hermanos Bobby y Richie pudimos levantar o plantar 22 congregaciones en las bases militares en Alemania. Dios comenzó a hacer cosas maravillosas y extraordinarias, como solamente Él lo sabe hacer. En una ocasión entré en un ayuno de tres días y me encerré en una habitación en mi casa que tenía para hacer mis trabajos de la iglesia. Una mañana, como a las 3:00 AM, alguien me llamaba y pensé que era mi esposa, pero no. Me llamaron en tres ocasiones y por fin yo dije: *"Señor, aquí estoy"*, esperé y al ratito me dice el Señor: *"Estoy contigo, vienen tiempos difíciles, predica mi evangelio"*. Fue una experiencia única, el Espíritu Santo me cubrió de pies a cabeza. La habitación también cambió totalmente. Una de las noches el Señor me mostró cómo iban a ser las bodas del Cordero. Fue algo maravilloso. Mientras más busques a Dios, más lo vas a encontrar.

Días después el Señor me inquietó a escribirle una carta al Hermano Yiye, en la cual le decía que el Señor me había hablado de servir en el ministerio *Cristo Viene*. Su respuesta fue muy positiva y usted puede leer su contesta en la foto aquí proveída.

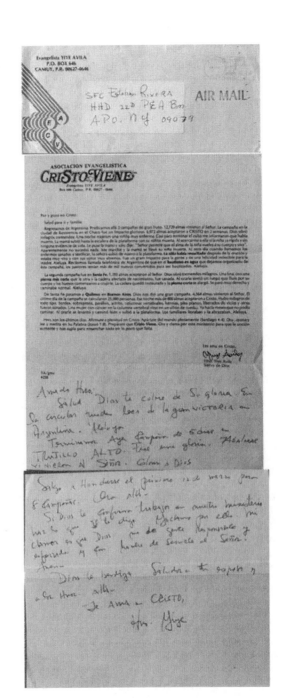

Esteban Rivera

De Alemania fui enviado a servir al Fuerte Buchanan, en Puerto Rico. Siempre con la sed ardiente de servir en el ministerio, allí levantamos un grupo de oración de 12:00 M a 1:00 PM, donde por la gracia de Dios llegamos a tener has 110 personas orando al medio día.

En una ocasión recibí una llamada del Hermano Ito Tavarez, ayudante del Hermano Yiye, quien me dijo: "Esteban, el Hermano Yiye necesita una nevera con unos detalles específicos y me dijo que tú se la ibas a conseguir". Pero Dios siempre tiene todo arreglado. No pasó una semana y conseguí la nevera que el Hermano Yiye necesitaba. Llamé al Hermano Ito, la fuimos a buscar y se la llevamos a la casa del Hermano Yiye. En aquella ocasión recuerdo al Hermano Yiye decir: "Estos realmente son mis hermanos", mirando y apuntando su dedo hacia mi persona y hacia el Hermano Ito. Ya Dios estaba trabajando para mi llegada al ministerio *Cristo Viene*.

Mi última asignación militar fue en Fuerte Erwin, en el desierto Mojave, California. Cuando llegamos allí, buscamos una iglesia hispana y no encontramos una, pero sí encontramos una bilingüe, o sea en inglés y español.

Antes de ir a esa iglesia sentí llamar y preguntar si podía reunirme con el Pastor, y la secretaria dijo: "venga, que él lo atenderá". Fui a la iglesia y tuve que esperar un ratito porque el Pastor estaba orando. Era la Iglesia Bethel de las Asambleas de Dios de Barstow, California. Cuando el pastor, John Perea, salió me dijo: "por favor venga a mi oficina", y seguidamente: "yo a usted no lo conozco, pero Dios sí lo conoce muy bien. Hace un tiempo he estado orando por un Pastor hispano para nuestra congregación y ahorita orando el Señor me dice, levántate y vete a recibir tu Pastor hispano. Ahora, Dios lo conoce, pero yo no, dígame de usted".

Eso fue un miércoles, y el domingo, el pastor Perea me estaba presentando a la congregación como su Pastor hispano. En la iglesia Bethel, además de ser Pastor, también dirigía la adoración y eran tiempos gloriosos. Vea la entrevista que me hiciera el periódico militar en ese tiempo, 1984.

Además de ser Pastor, levantamos un estudio bíblico en la base militar de Fort Erwin, donde el comandante de la base solía visitar. Eran tiempos maravillosos.

El llamado al ministerio siempre estaba presente y, mientras más se acercaba mi retiro del servicio militar, más sentía el urgente llamado que el Señor me hacía.

Me retiré de servicio militar en Enero 31, 1985.

Quince días después, entraba oficialmente al ministerio *Cristo Viene*.

CAPÍTULO 6

Mi entrada al Ministerio
Cristo Viene

ecuerdo como si fuera hoy mismo el día que ingresé en el ministerio *Cristo Viene*. El Hermano Ito Tavares me llevó a la oficina del Hermano Yiye —humilde como siempre—, donde tuvimos una conversación muy amena. Entre las muchas cosas que hablamos, él me dice: "llevo tiempo orando para que el Señor me envíe personas de tu calibre. Necesito un ejército poderoso y guerrero". Luego continuó: "tu iniciación será un ayuno de una semana, encerrado en uno de los cuartos de ayuno del ministerio, y comienzas el próximo lunes".

Los ayunos en el ministerio eran comunes, porque el Señor nos llamaba a ayunar. Hasta el día de hoy entiendo que fui el único que comenzó en el ministerio con un ayuno. Pienso que fue para dar el ejemplo a otros.

Llegó el lunes y fui directamente al cuarto de ayuno, donde permanecí ayunando por una semana. Recuerdo que jueves en la madrugada el Hermano Yiye tocó a la puerta y comenzamos a orar. Después de orar por un largo rato, me dice: "Dios te habló, ahora dime qué te dijo". Le contesté que sí, Dios me había hablado y también el Señor le había dicho al hermano Yiye. Yo le dije que el Señor me había mostrado toda la organización por departamentos del ministerio, y un organigrama del mismo. Como yo lo tenía todo escrito, le mostré y a él le gustó mucho. Me dijo: "el próximo lunes comenzamos con este proyecto".

Fue una sorpresa muy grande para mí cuando el lunes, después de mi ayuno y orando a las 4:00 AM, el Hermano Yiye me dice: "tú vas a estar en mi oficina, conmigo y con Yeya". Yeya es Carmen Delia Talavera, esposa de Yiye. Muchos en el ministerio no sabían la relación y amistad que había previamente y de niño entre Yiye y yo. Era una amistad de respeto y cariño mutuo. El Hermano Yiye no solamente sabía quién yo era, sino que me conocía muy bien. Había una confianza establecida. Por tal razón, algunos compañeros del ministerio se preguntaban por qué Yiye me había puesto en su oficina. Escuchando Yiye los comentarios, en una reunión del grupo, o sea del ministerio, les explicó por qué me había puesto allí. Es cuando me entero que él dijo que había sido dirigido por el Señor. *"Todas las cosas dirigidas por el Señor, dan frutos"*.

Una vez ubicado en la oficina del Hermano Yiye, me comenzó a asignar diferentes responsabilidades, y entre ellas, responsable por toda su correspondencia personal. Algo muy importante es que Yiye sacaba el diezmo de todas las finanzas que entraban en el ministerio. Debido a la confianza que él me tenía, me asignó la responsabilidad de hacer y enviar los cheques de diezmos a diferentes entidades y/o hermanos. En el ministerio se oraba desde las 5:00 AM hasta las 8:00 AM, los 7 días de la semana, y estaba encargado de llevar récord de la oración en las madrugadas, cuando yo recogía a tres guerreras de oración y ellas eran la Hermana Herminia (Miña) Portalatin, mamá del hermano Yiye, a la Hermana Irene Serrano y a mi mamá, Matilde Muñiz. Estas guerreras siempre daban el todo por estar presentes y orar por largas horas. Todas moran hoy en las Moradas Celestiales con nuestro Señor. *"La oración del justo obrando eficazmente, puede mucho"*. La oración era la clave del éxito del ministerio *Cristo Viene*. Así fue mi comienzo en el ministerio.

Aunque ya había departamentos en el ministerio, fue una bendición enorme tener el privilegio de organizarlo por departamentos y hacer un organigrama. Cuando le presenté a Yiye el organigrama, me dijo: "no veo tu nombre o posición en el organigrama", a lo que yo le contesté: "usted me asigna en el lugar más necesario". Allí él me dijo: "tú eres mi asistente personal", y me dio una llave de su oficina. Esa fue una responsabilidad enorme.

CAPÍTULO 7

Coordinación de Campañas

l año y medio de estar sirviendo en el ministerio, Yiye me dice: "he sentido del Señor que tú vayas con Tito Atiles a coordinar la campaña de Miami, Florida". Un mes más tarde fui enviado a Miami a coordinar la majestuosa campaña. Era una responsabilidad enorme y había que trabajar de verdad. Las visitas a las iglesias, reuniones con los Pastores, promoción de la campaña en los medios, radio, televisión y prensa escrita. Pero el Señor siempre estaba presente, me ponía en gracia y me daba favor con las personas que me reunía. Dios nos honró en esa campaña con muchas bendiciones y una muy sobresaliente es que mi amigo, mentor, cantante, Apóstol y artista, Bobby Cruz y Richie Ray, cerraron su iglesia por 17 días y todas las noches dirigieron la adoración en la campaña. Teníamos a la familia de Ángel y Esther Fontan, de Hialeah, Florida, que se mudaron de su casa para prestársela a grupo durante la campaña. El hermano Tony del Valle y Diana, que nos ayudaron con el seguro y otros asuntos del estado para la campaña. El Apóstol Alberto Delgado, que estuvo asistiendo y colaborando con toda la campaña. Y todos los Pastores que cerraron sus iglesias por todos los 17 días de campaña. Esto solamente Dios lo hace.

Así fue mi principio e inicio como coordinador de campañas. Fueron muchas de ellas las que coordiné.

Algunas de las experiencias en las son las siguientes:

Cuando el Hermano Yiye estaba en campaña en Costa Rica, tuve la oportunidad de tener a su hija, que estaba viviendo en Hollywood, Florida, en varias de mis predicaciones en las iglesias y en una de ellas, ella se reconcilió con el Señor. Fue maravilloso cuando llamé al Hermano Yiye y le dije de la reconciliación de Ilea, su hija. Yo podía sentir su gozo al recibir la noticia. No pasó mucho tiempo y al terminar la campaña en Costa Rica, llegó a Miami con el grupo que lo acompañaba. Fue un encuentro glorioso. Él me pregunta que si podíamos ir a ver a su hija Ilea en Hollywood, Florida, a lo cual, y aunque eran las 10:00 PM, le respondí que sí. Recuerdo que me acompañó el Hermano Calinin, un payaso cristiano que tenía su programa de televisión en Miami ese tiempo. Usted tenía que ver el gozo de Yiye cuando hablaba con su hija y su esposo en ese tiempo. Estuvimos en casa de su hija hasta la 4:00 AM. Hago un paréntesis para comentar que esta fue la hija del Hermano Yiye que fue asesinada por su esposo, unos años después.

Era de costumbre que el Hermano Yiye me llamara diariamente después de almuerzo para que oráramos en el sótano de su casa, donde el ministerio había comenzado, y orábamos toda la tarde.

Yiye tenía un gran sentido del humor y solíamos reírnos de muchas cosas. En una ocasión, mientras orábamos, hacía un poco de calor y me dice: "nene, prende ese abanico". Yo presioné el botón de arranque en el momento él se reía y me decía: "me voy a maravillar de tu fe si el abanico arranca". Cuando le pregunté por qué, me dice: "tienes que enchufarlo al receptáculo". Nos reímos y continuamos orando. Muchas veces de cariño me llamaba "cabezón". Me decía: "cabezón, necesito que me hagas lo siguiente", y después nos reíamos.

Las experiencias fueron muchas, y mi trabajo con Yiye fue de mucha responsabilidad y entrega. Cada vez me asignaba más tareas. En algún momento sentí que yo era los ojos de Yiye fuera de su oficina. Sus preguntas hacia mi persona siempre eran, "¿qué te parece esto, o lo otro?". Y yo le pedía al Señor dirección en todas las opiniones que le dijera. En las oficinas anexas a la oficina de Yiye estaban las Hermanas Gloria Velázquez y Bibi Rivera como secretarias, quienes me informaban de las visitas que llegaban a ver al Hermano Yiye. Éramos un equipo de trabajo excelente. Yo era la persona que mi Hermano, el Pastor Luis de Jesús Ginestre dice, que "para ver a Yiye, primero tienes que ver a Esteban". Pero en realidad, no me sentía así.

Entre los muchos trabajos que realicé en el ministerio Cristo Viene, fui asistente personal del evangelista. Estuve encargado de la organización del ministerio por departamentos y responsable por la asistencia a la oración en las mañanas. Responsable por la distribución de los diezmos del ministerio a diferentes personas e instituciones. Tuve la responsabilidad de instalar un ponchador de asistencia en el ministerio. Fui coordinador de campañas y fotógrafo personal del Hermano Yiye. Asistí al Hermano Tito Atiles en la compra de canales de televisión y comenzar el *Canal del Milagro*, lo que posteriormente se transformó en la *Cadena del Milagro*, como hoy se conoce.

Yo era como el enviado especial de Yiye. Había que ir a Santo Domingo, Estados Unidos o Canadá, ahí me enviaba él. Por mucho tiempo Yiye me enviaba a Santo Domingo mensualmente a llevar un cheque al orfanato que respaldaba el ministerio. También me confió comprar un camión para el ministerio en Santo Domingo. Cuando ocurría una situación en algún lugar, allí me enviaba Yiye.

En una ocasión —y antes de ir a Canadá a coordinar unas campañas—, el Hermano Yiye me dice: "te traje algo de casa. Allá en Canadá hace frío", y me dio un abrigo largo crema y continuó: "ahora vas con mi unción", y se sonrió. Al día de hoy conservo ese abrigo. Coordiné campañas en Toronto y en Montreal. En esa coordinación me acompañaron las cantantes José Ferrer y Willie Reyes, que fueron una tremenda bendición.

Como en toda empresa cristiana y no cristiana también hay momentos difíciles, y recuerdo que cuando alguien cometía un error, el Hermano Yiye tenía una sabiduría de lo alto para lidiar con situaciones y problemas. Muy amablemente nos halaba las orejas o nos regañaba. Muchas veces después de hablarnos fuerte nos enviaba una nota disculpándose por la forma en que se había expresado. En ocasiones, y para corregir alguna falta que alguien hubiese cometido, reunía a todo el grupo y nos corregía y amonestaba muy sabiamente.

Estuve presente en varias ocasiones, cuando Yiye se sentía mal de salud y todos los que estábamos con él presenciábamos su actitud de fe y cómo el Señor le sanaba. En varias ocasiones tuve la oportunidad de orar con él por su salud y por otros asuntos importantes para él.

Todos los integrantes del ministerio vivíamos por fe. Recibimos una ofrenda semanalmente y eso nos ayudaba para mantener nuestras familias. En una ocasión el hermano Yiye me dice: "vamos a reunir el grupo, que tengo que darles una noticia". Reunimos el grupo y la noticia fue que no habían entrado finanzas para poder darnos una ofrenda. Esta situación ocurrió por dos semanas consecutivas. A pesar de todo esto el Señor nunca nos faltaba. Los que éramos predicadores nos invitaban a predicar en las iglesias, y no íbamos a predicar por una ofrenda, sino para bendecir al pueblo, pero siempre el Señor nos bendecía.

En una ocasión sentí sembrar la ofrenda que me habían dado en esa iglesia y cuando salí de allí una persona me da la mano y me dice: "Hermano, sentí de parte del Señor darle esta ofrendita". De camino, cuando luego chequeo el sobre, me había ofrendado quinientos dólares.

"Encárgate de la obra del Señor y Él se encargará de ti".

Las experiencias económicas fueron numerosas.

El ver y vivir la fe de Yiye siempre aumentaba la mía. Cuando había algún proyecto que conllevaba una cantidad exorbitante económica, él decía: "el que me invitó paga, y a mí me invitó el Señor, así es que Él proveerá". Verdaderamente así era, el Señor siempre proveía las finanzas. La confianza de Yiye en el Señor era única y siempre admiré y presencié cómo esa confianza rendía sus frutos.

CAPÍTULO 8

El *Canal del Milagro*, luego la *Cadena del Milagro* Internacional

odos conocemos que la conversión de Yiye fue a través de un programa de televisión. Era un programa del evangelista Oral Roberts y en el momento de convertirse, el Señor lo sanó de su artritis. Un tiempo después de su conversión y cuando había comenzado a predicar, lo hacía en contra de la televisión. Todos podemos recordar que el Hermano Yiye le llamaba a la televisión, "el cajón del diablo".

Pero el tiempo pasó y poco a poco el Señor comenzó a mostrarle el alcance que tenía la televisión para salvar la humanidad.

Yiye siempre oraba por todo lo que el Señor ponía en su corazón, o antes de hacer algo o tomar una decisión de hablar a todo el grupo. El asunto de la televisión fue notificado al grupo y todos comenzamos a orar para que el Señor supliera las finanzas para comenzar con ese proyecto.

Recuerdo como ahora mismo el día que me llamó y me dijo: "vamos a comprar el canal 54 que está en el pueblo de Arecibo, y quiero que vayas con Tito (Hermano Tito Atiles) a ver todo". Para nosotros, lo que vimos en el canal, nada servía. Cámaras antiguas, sistemas muy viejos. Pero a pesar de eso, comenzamos a moverlo todo hacia las facilidades del ministerio, en Camuy. El Señor comenzó a suplir finanzas y comenzamos a comprar equipos nuevos de televisión. Luego de comprar el canal 54, compramos el canal 63 de Aguada. Ya para este tiempo, el Señor estaba tocando el corazón de una persona en San Diego, California, y del ministerio de Morris Cerullo para venir a Camuy para ser el Gerente y manejador del *Canal del Milagro*. Este varón fue el Hermano Luis de Jesús Ginestre, actualmente Pastor de *Júbilo Church* en Orlando, Florida. Yiye me dice: "para acá viene un varón para dirigir la televisión y yo quiero que lo vayas a buscar al aeropuerto y lo hospedes en tu casa".

Para mí fue un honor tener a Luis, como cariñosamente lo llamo, en mi residencia, y ahí permaneció hasta que alquiló su casa. Nuestra relación de amigos y hermanos permanece hasta hoy día y somos mejores amigos. Lanzamos el *Canal del Milagro* al aire, e inmediatamente fue una bendición para muchos. Teníamos una tremenda programación y varios Hermanos del ministerio tenían sus programas.

Pastor Luis de Jesús Ginestre, Gerente

Debido a la exigencia y el trabajo, al principio había necesidad de personal en el canal. Entonces el Hermano Yiye me pidió que colaborara en el canal y así fue como me convertí en el agente de Relaciones Públicas del mismo. Mi trabajo era dar a conocer el canal por todo lugar, o sea pueblos y medios.

También fui el que inició la contratación de programadores y comerciales para el canal. El Señor siempre me puso en gracia y me dio favor con la gente que visitaba. "Por ahí viene el representante de Yiye Ávila", así decían cuando visitaba algún lugar o persona.

El *Canal del Milagro* creció y luego se compró un Canal en Yauco y esto completaba la cadena de televisión. Se grababan todas las campañas de Yiye y también sus enseñanzas en el salón de oración en el ministerio. Por la fe de Yiye creció todo lo que el Señor puso en sus manos. Aún recuerdo cuando nos llamó a su oficina y nos dijo: "vamos a comprar un satélite, y cuesta tanto". Los que estábamos allí nos miramos las caras porque el precio era exorbitante. Luego nos dijo: "el que invita paga", y así fue. Nunca se falló un pago del satélite. Dios siempre proveía lo necesario. Ahora la *Cadena del Milagro* se veía en 125 países.

El ministerio creció de una manera vertiginosa y teníamos representantes en todos los países de Latinoamérica y en diferentes partes del mundo. También respaldábamos un orfelinato en la India, cuyo director era el Pastor Babum. Todos estos lugares eran respaldados económicamente por el ministerio *Cristo Viene*.

CAPÍTULO 9

Mi retirada del Ministerio
Cristo Viene

𝒟urante mi estadía, el ministerio creció en una forma gigantesca y el trabajo se multiplicó. Cada vez había necesidad de más personal. Había una sección de doce a quince Hermanos, exclusivamente asignados a la correspondencia. Había un departamento de computadoras, uno de redacción, una imprenta, un correo y así varios departamentos más. Esto era sin incluir la *Cadena del Milagro* y su personal.

Se estaba impactando relativamente al mundo. Todo esto porque un hombre, Yiye Ávila, le creyó y obedeció a Dios. Nunca dejamos de orar y ayunar. Orábamos en el ministerio diariamente desde las 4:00 AM, y se hacía un ayuno de todos los miembros, todos los miércoles. Los proyectos de Dios son grandes. Lo que comenzó en un garaje de auto ahora era una empresa gigante. Aquí viene la palabra de Dios:

"Y aunque tu principio haya sido pequeño, tu postrer estado será muy grande". (Job 8:7:)

Dios nunca falla. Viví momentos de gloria en el ministerio *Cristo Viene*.

Aunque en el año 1991 tuve que salir del ministerio, por razones ajenas a mi voluntad, siempre estaré orgulloso de haber laborado y servirle a un hombre de Dios. Mi amistad con mi amigo Yiye nunca terminó, y cuando necesitaba mi oración, ahí estaba yo. En sus momentos más difíciles, algún familiar me llamaba y me informaba de su condición.

Su partida al cielo fue fuerte para muchos de nosotros. Pero sí estamos seguros —y bien seguros— que está morando en las Ciudades Celestiales sobre las cuales tanto predicó.

Estoy seguro que un día allí nos encontraremos y el Señor nos dirá: *"bienvenido siervo, en lo poco fuisteis fiel, en lo mucho te pondré, entra en el gozo de tu Señor"*.

CAPÍTULO 10

Créele a Dios

*P*ara ti, Pastor, evangelista, siervo y sierva del Señor, tú que tienes un llamado de parte de Dios, toma tu llamado y camina.

Abraham le creyó a Dios y le fue contado por justicia.

Si tienes un llamado de parte de Dios, echa hacia adelante. No temas, el Señor estará contigo en cada paso que des.

"Mira que te mando que te esfuerces y seas valiente, no temas ni desmayes porque el Señor tu Dios estará contigo donde tú vayas".

Yiye le creyó a Dios cuando le llamó. A cambio, Dios lo honró en todo. Aun cuando los enemigos le quisieron hacer daño, él los bendijo.

Dios te respaldará en todo lo que emprendas. Dios no te llama para humillarte, sino para exaltarte.

Si este libro te ha bendecido, compártelo o regala una copia, para que otros sean bendecidos.

Acerca del autor

Esteban Rivera nació en el pueblo de Camuy, Puerto Rico. Sirvió en el ejército de los Estados Unidos por 22 años. Fue condecorado con varias medallas de valor, en la guerra de Vietnam y otros conflictos, y también ha sido reconocido por su servicio. Es graduado con un bachillerato de la Universidad Colombia College, de Missouri y cuenta dos maestrías en Teología.

Ha sido Pastor por sobre 40 años. Hombre de fe inquebrantable, estableció 22 congregaciones hispanas en bases militares en Alemania. Fue miembro del ministerio *Cristo Viene,* del evangelista Yiye Ávila, por seis años. Ha colaborado y servido para los ministerios de Billy Graham, R.W. Schamback y Benny Hinn. Por varios años fue ayudante del gobernador de Puerto Rico.

Un siervo de Jesucristo.

Made in the USA
Columbia, SC
07 March 2024

32383144R00048